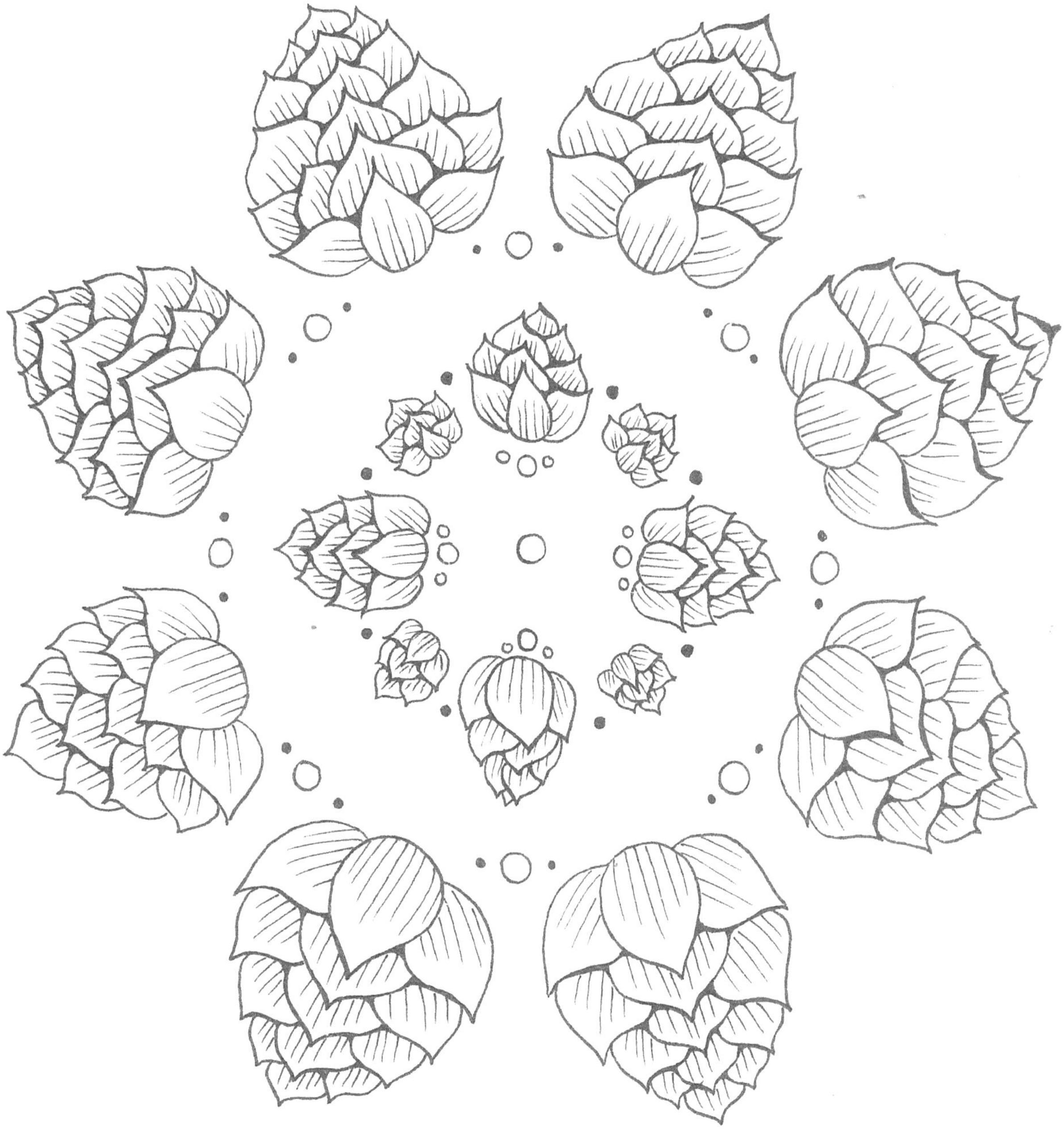

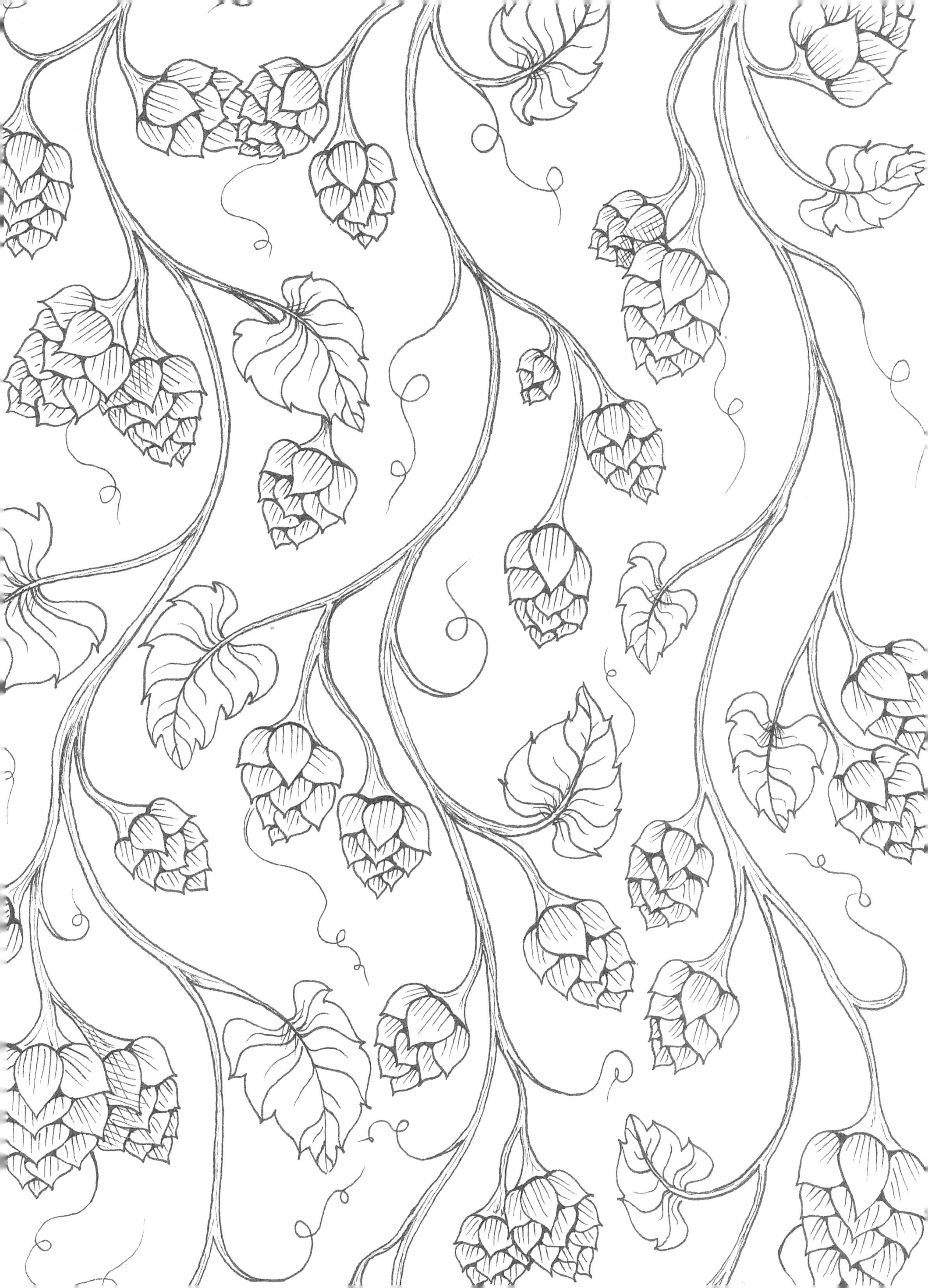

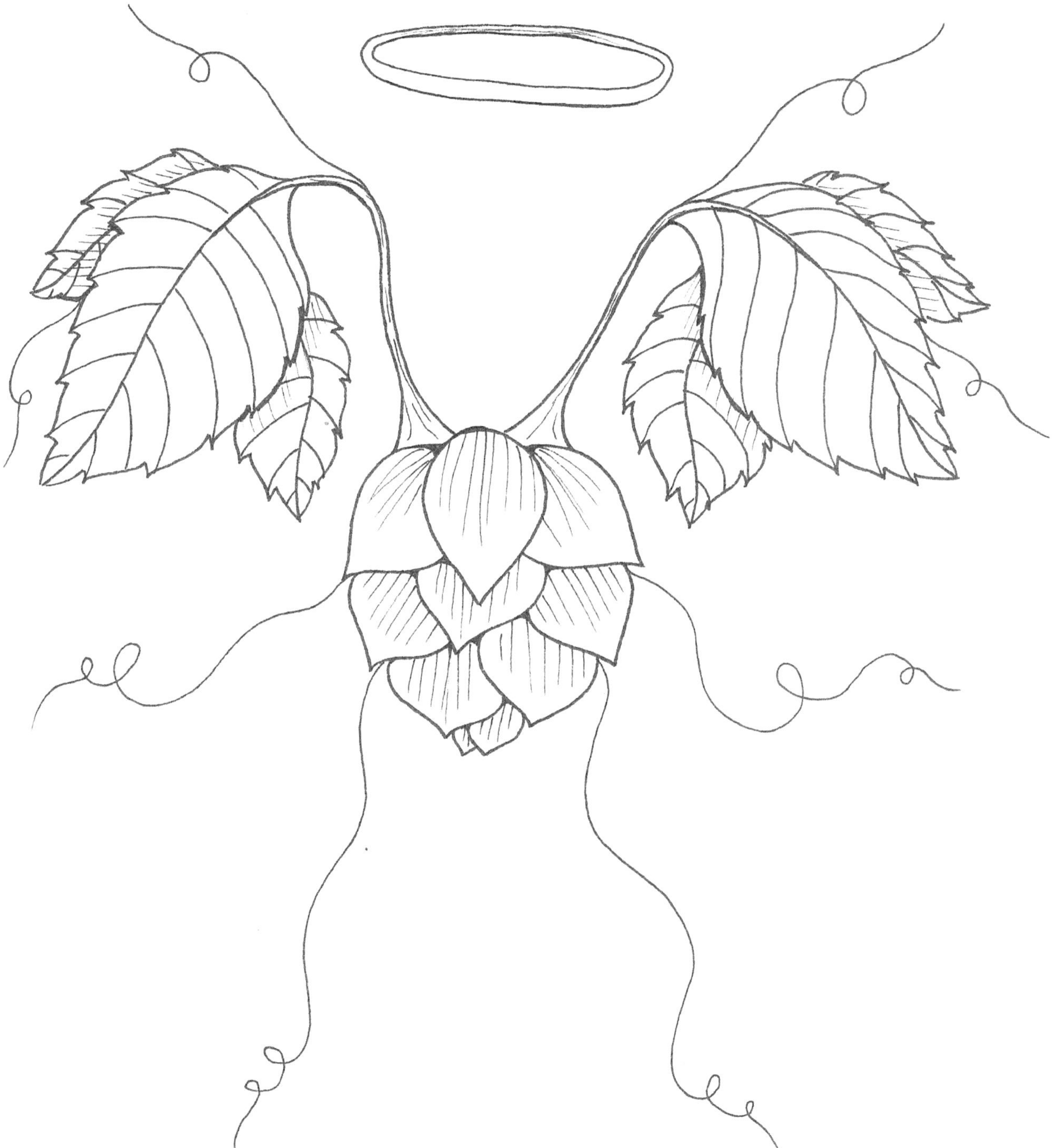

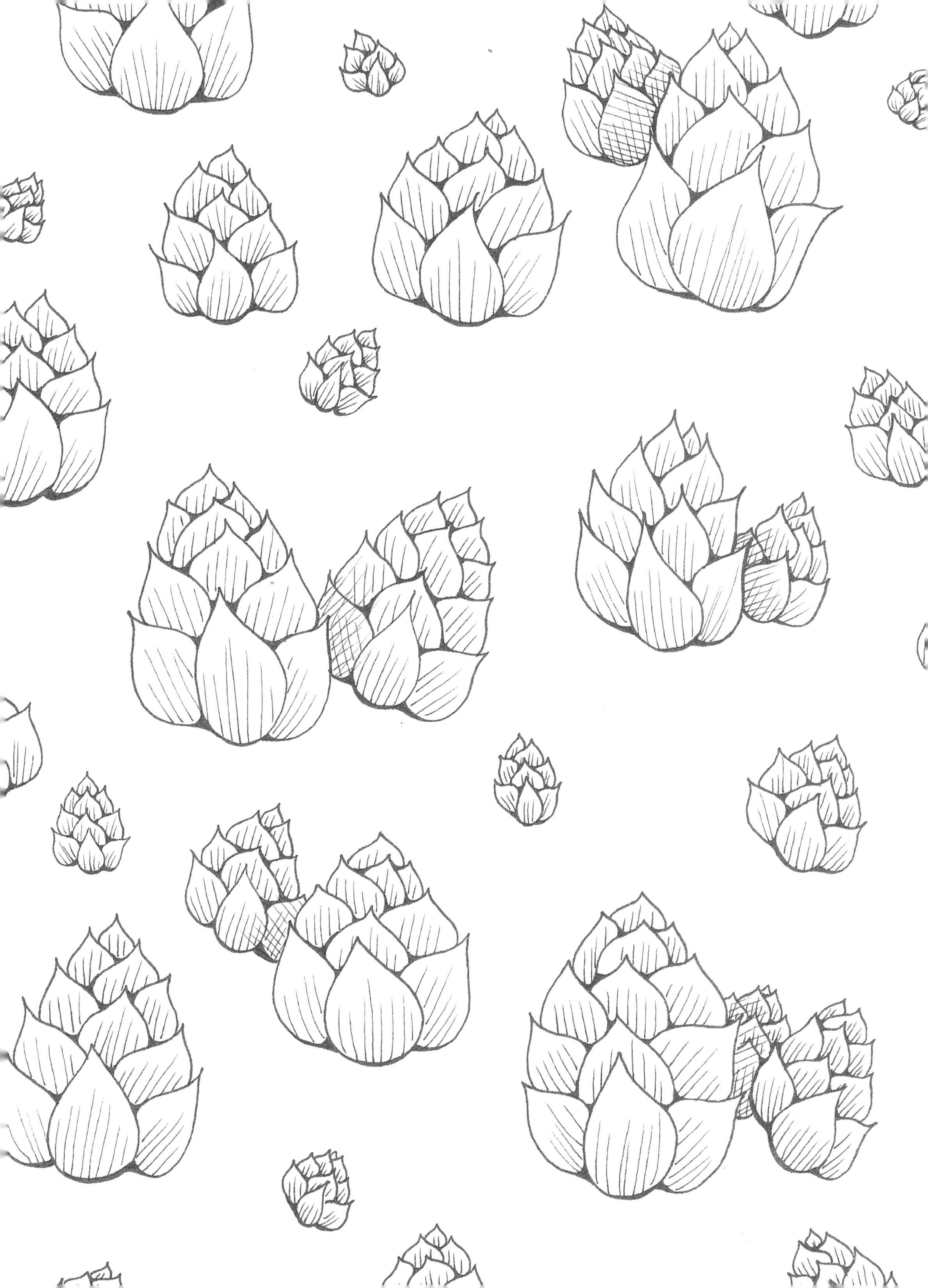

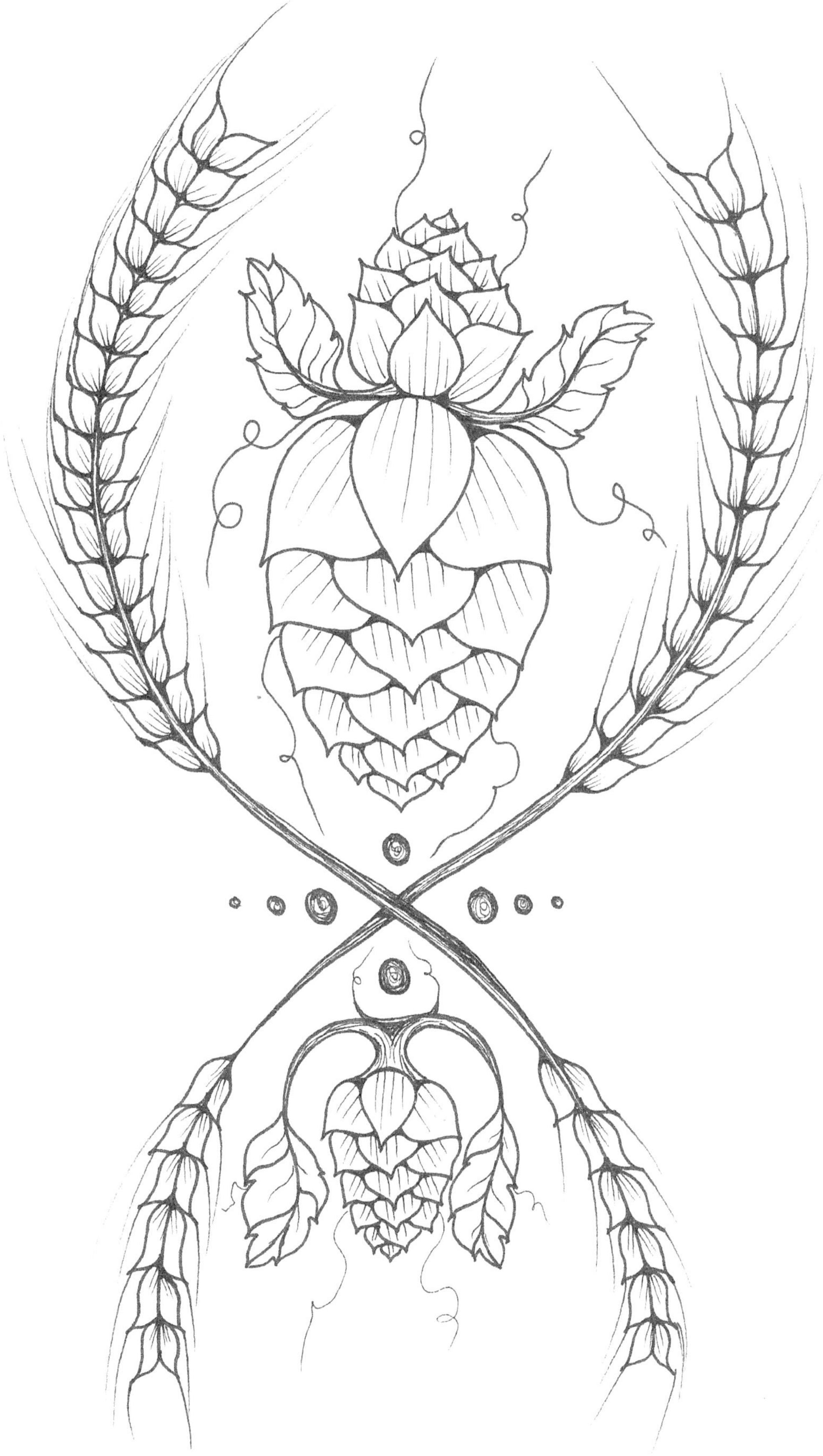

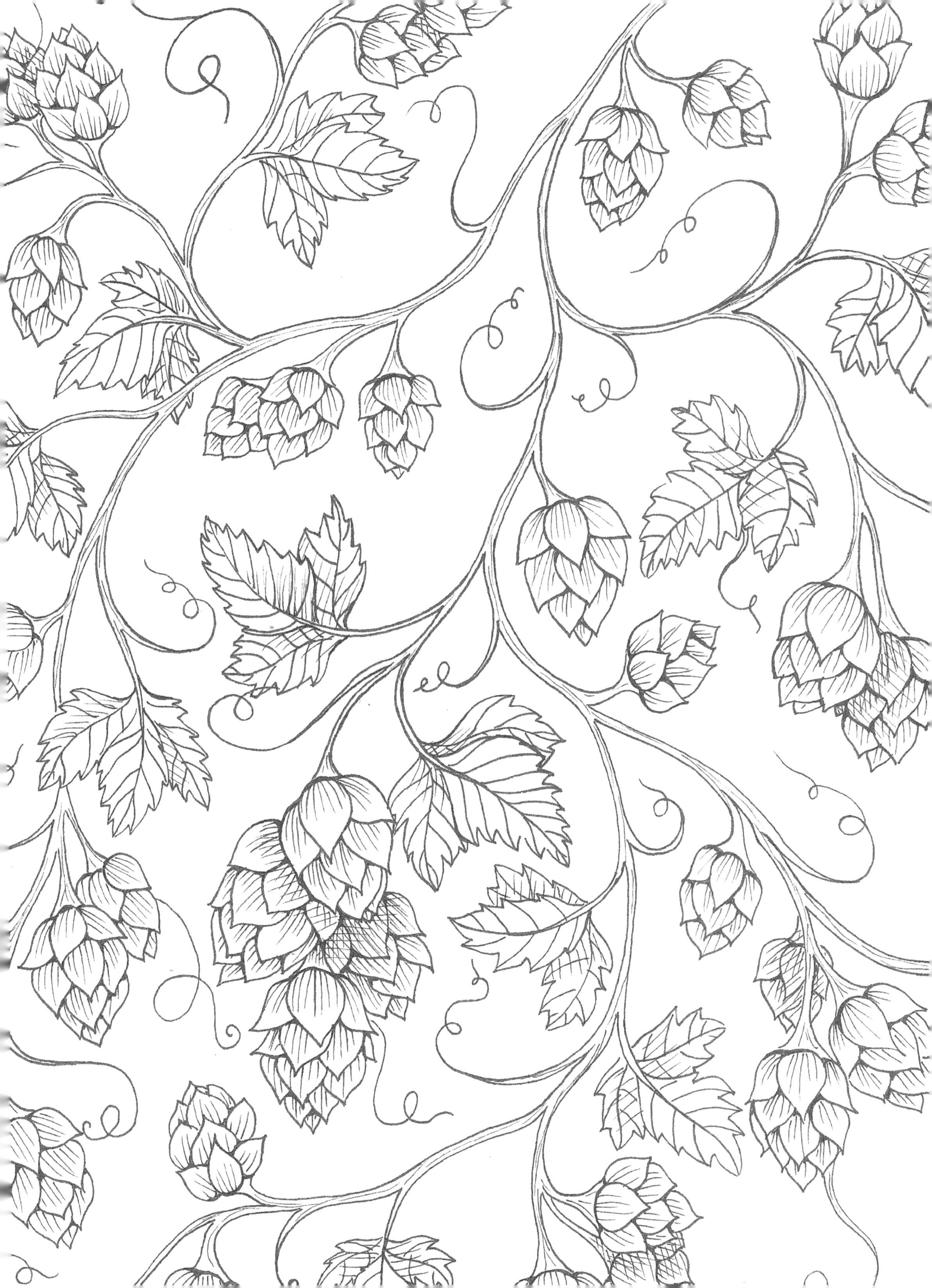

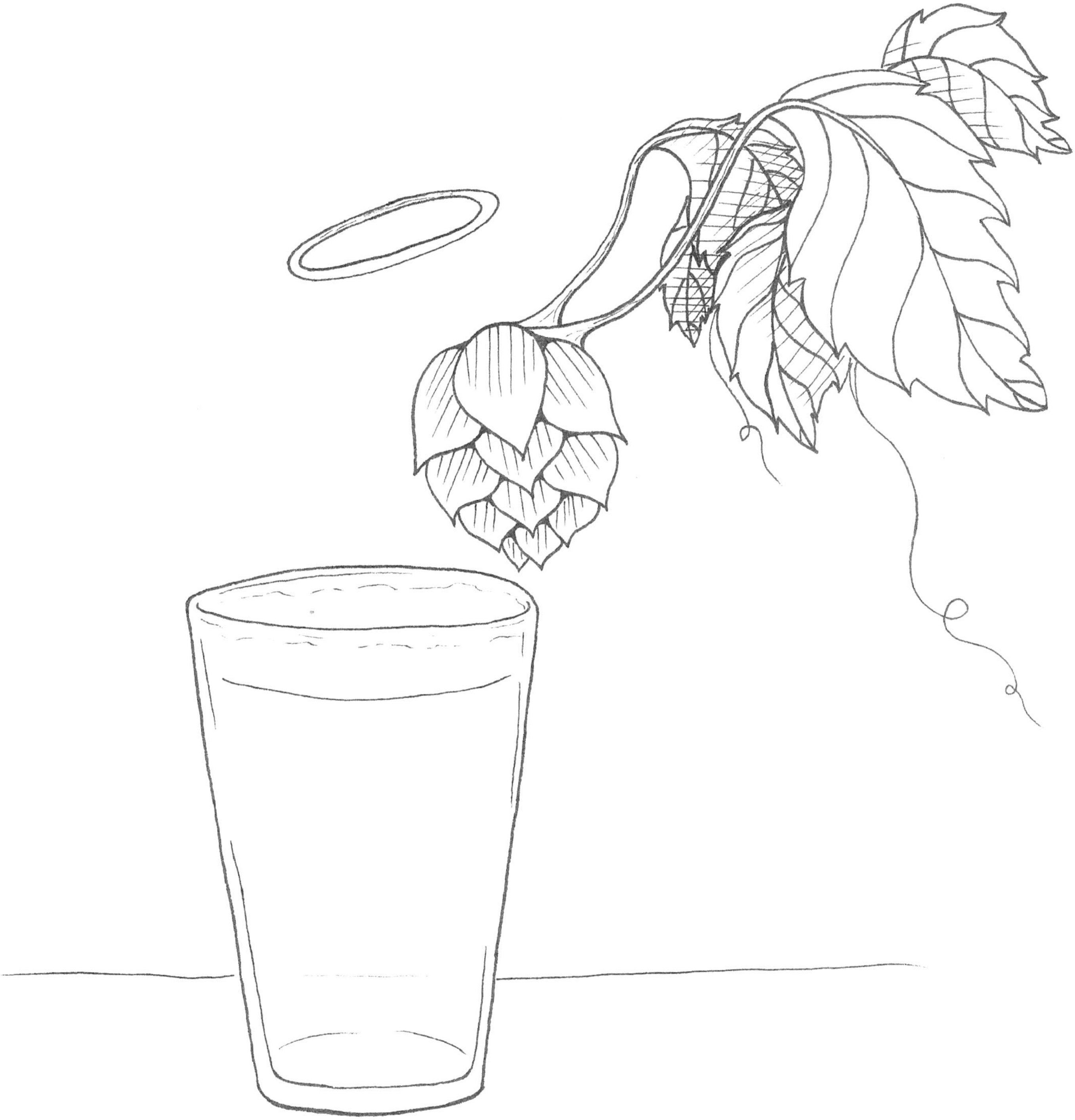

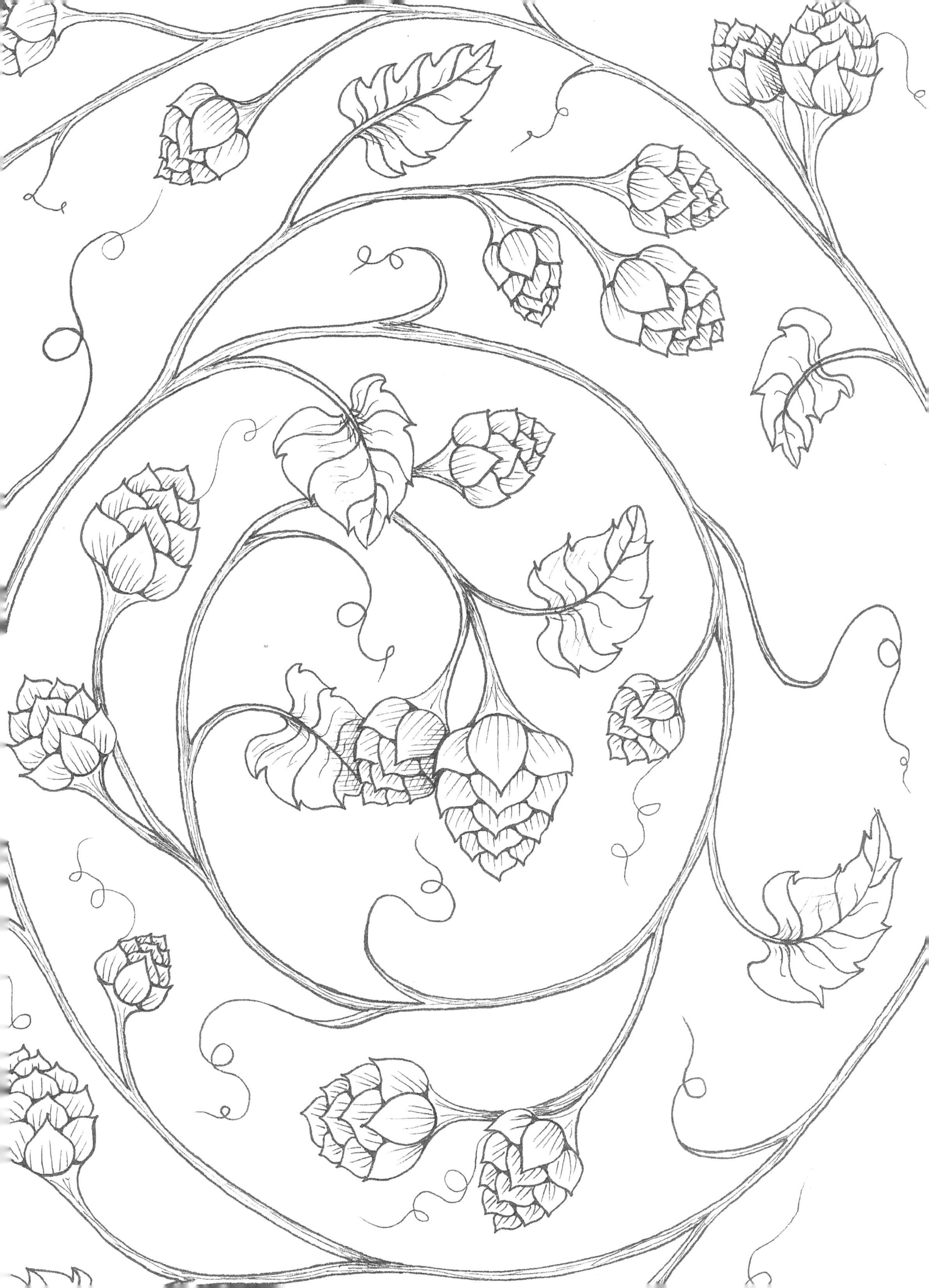

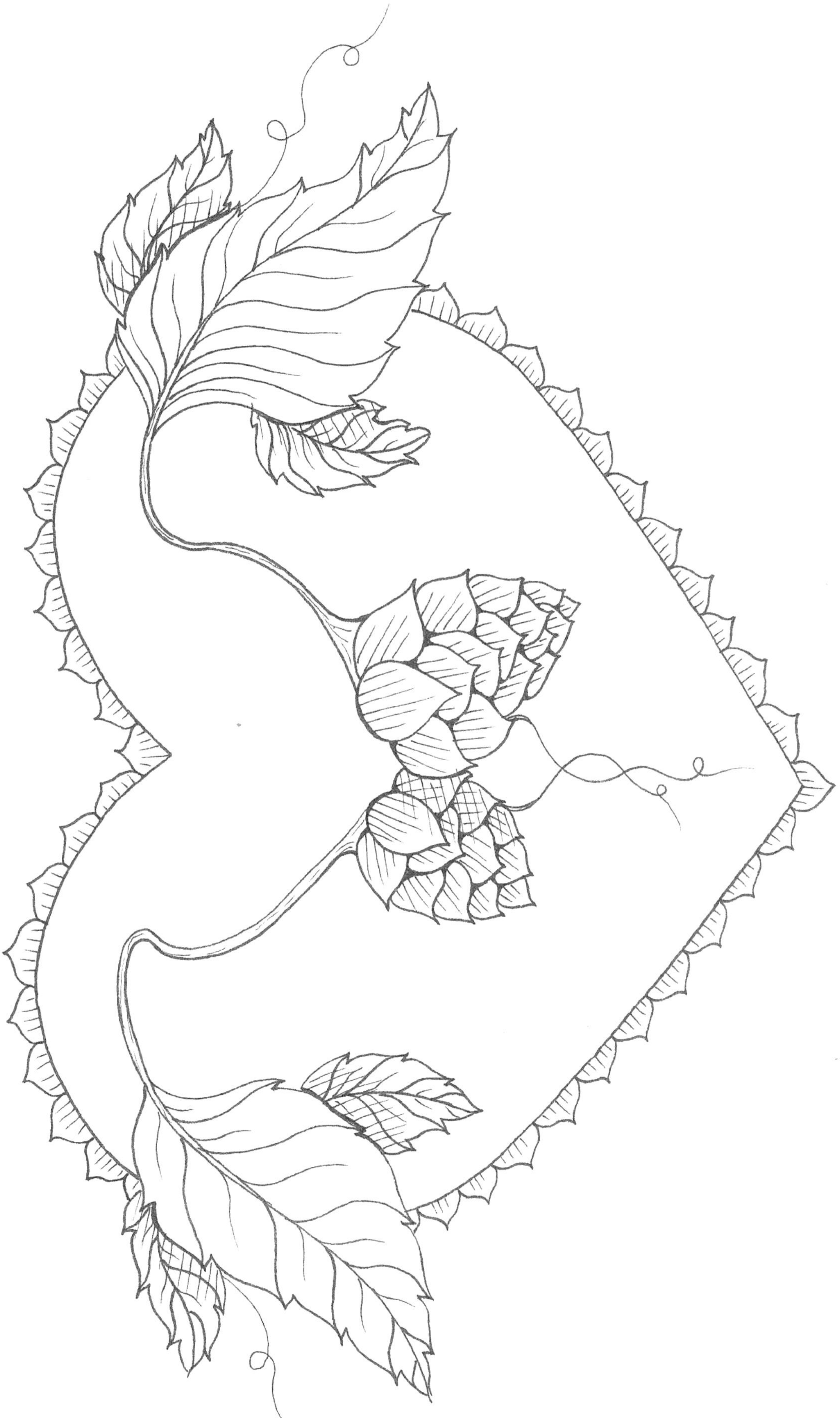

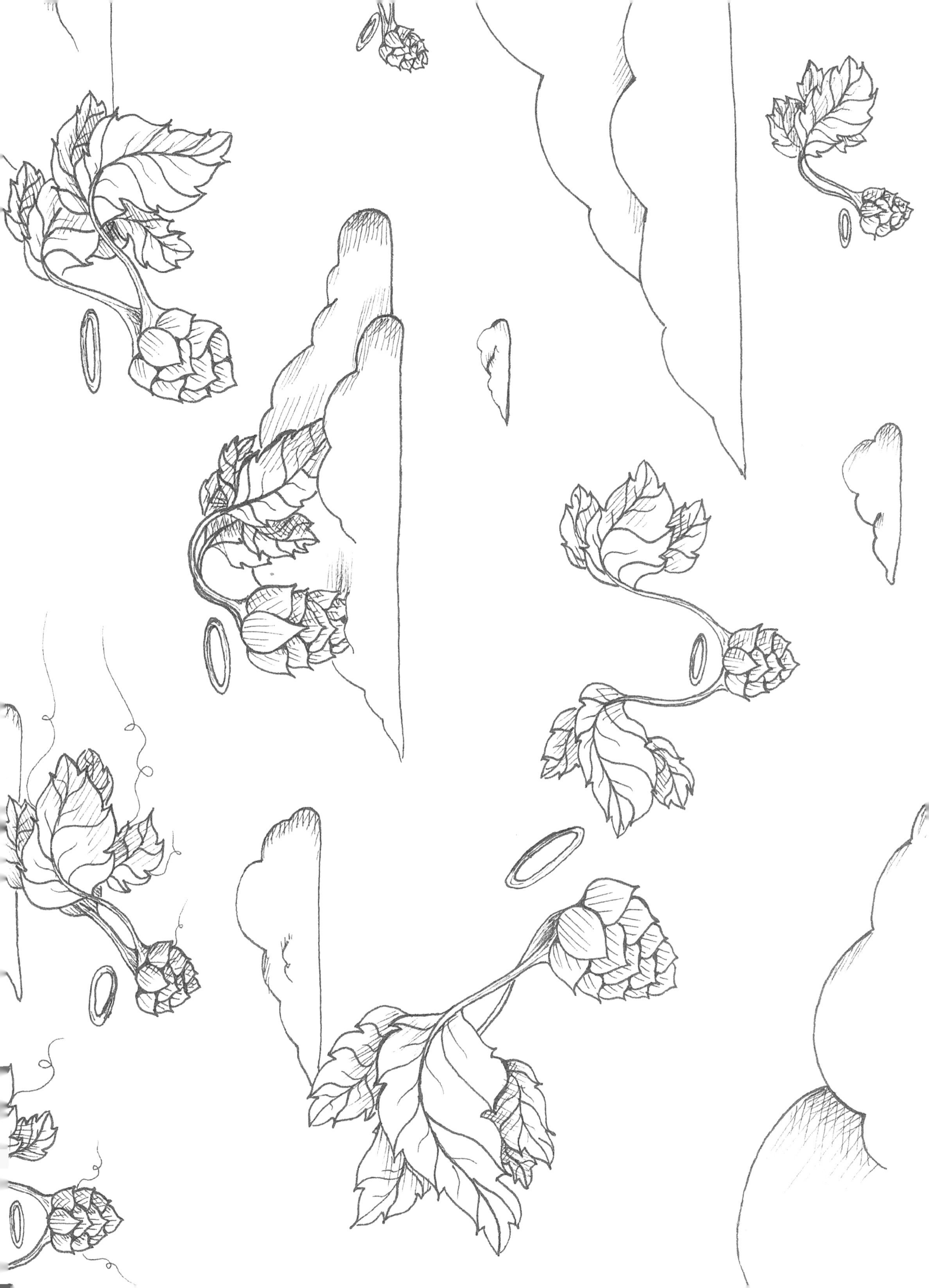

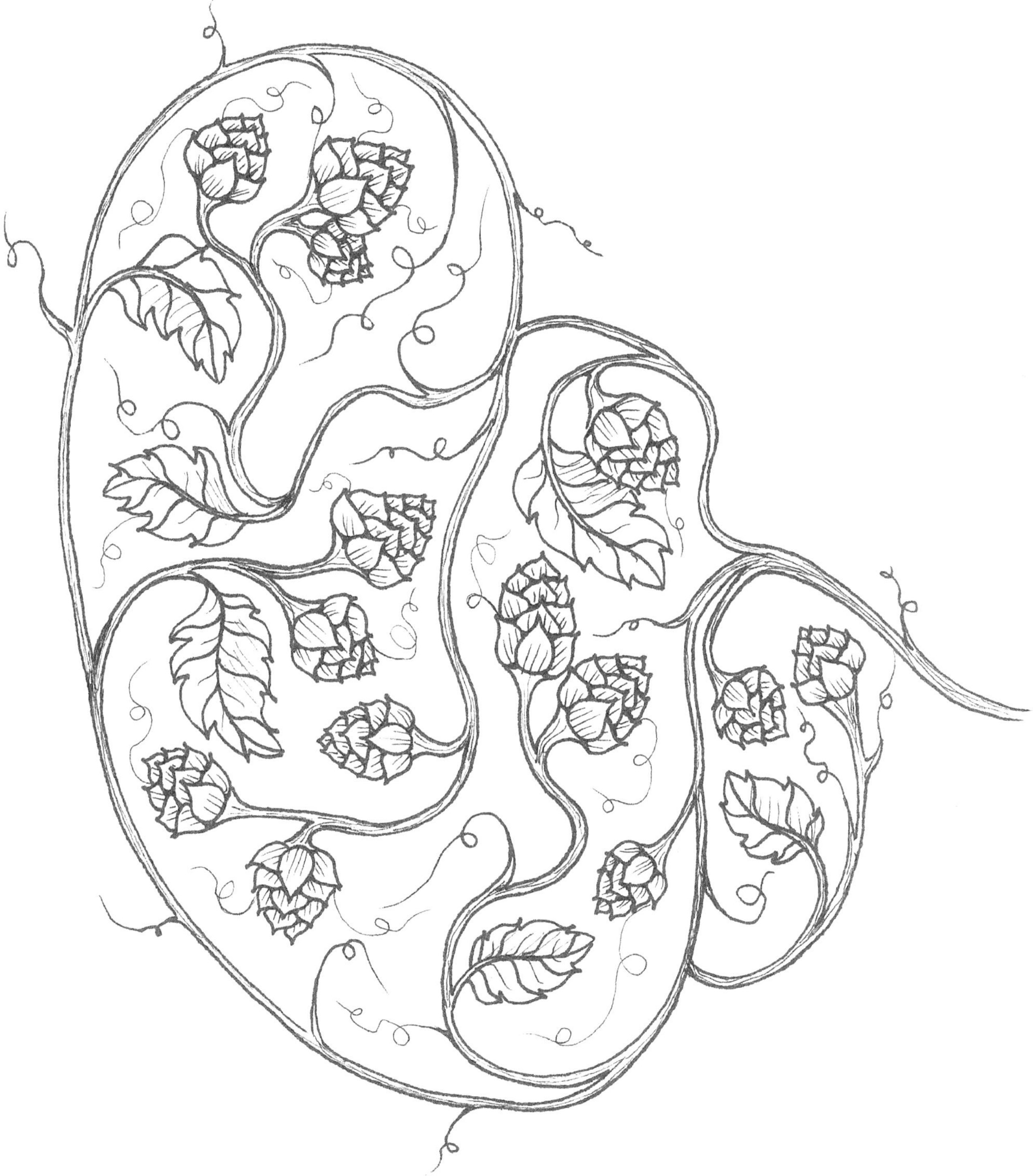

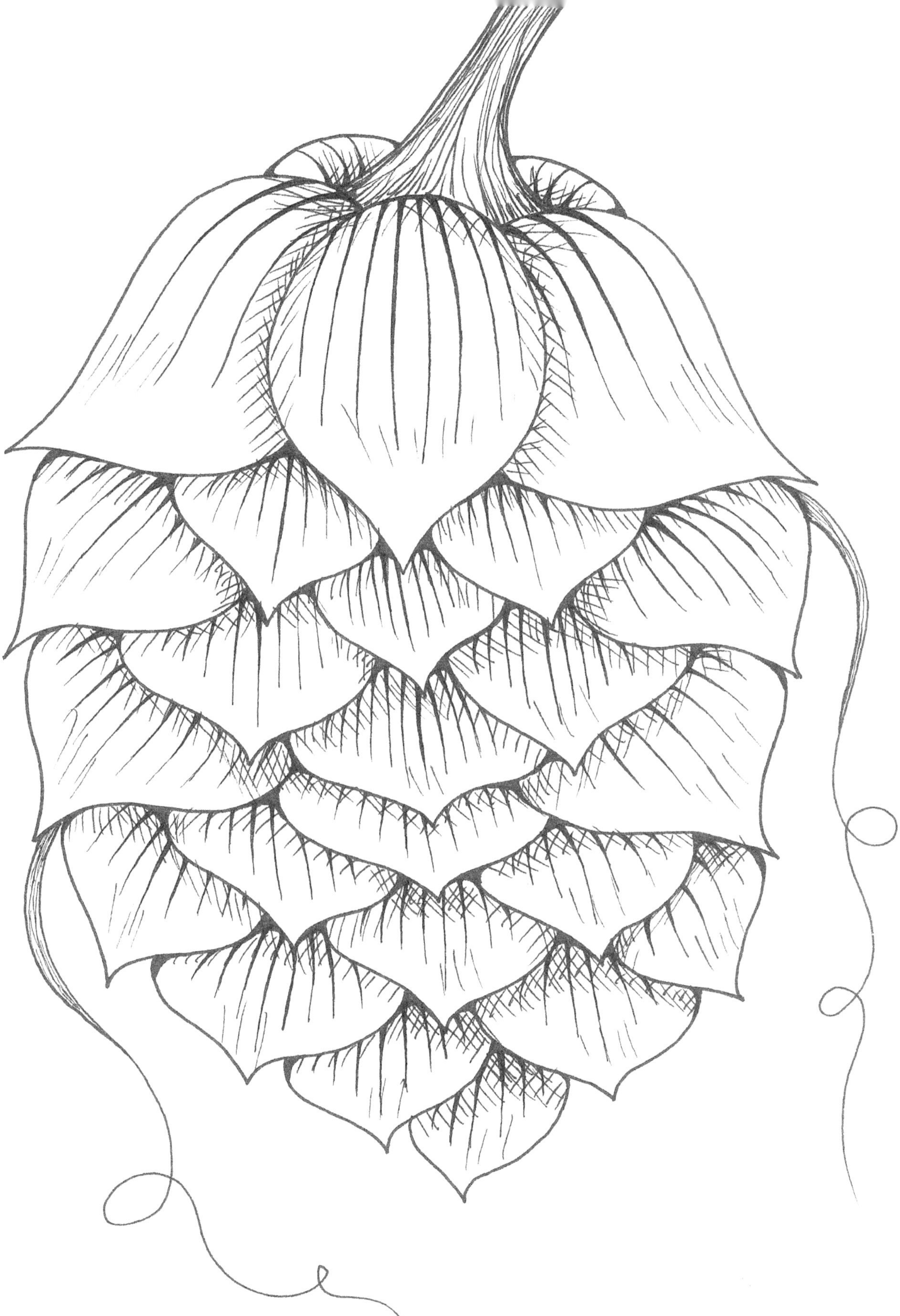

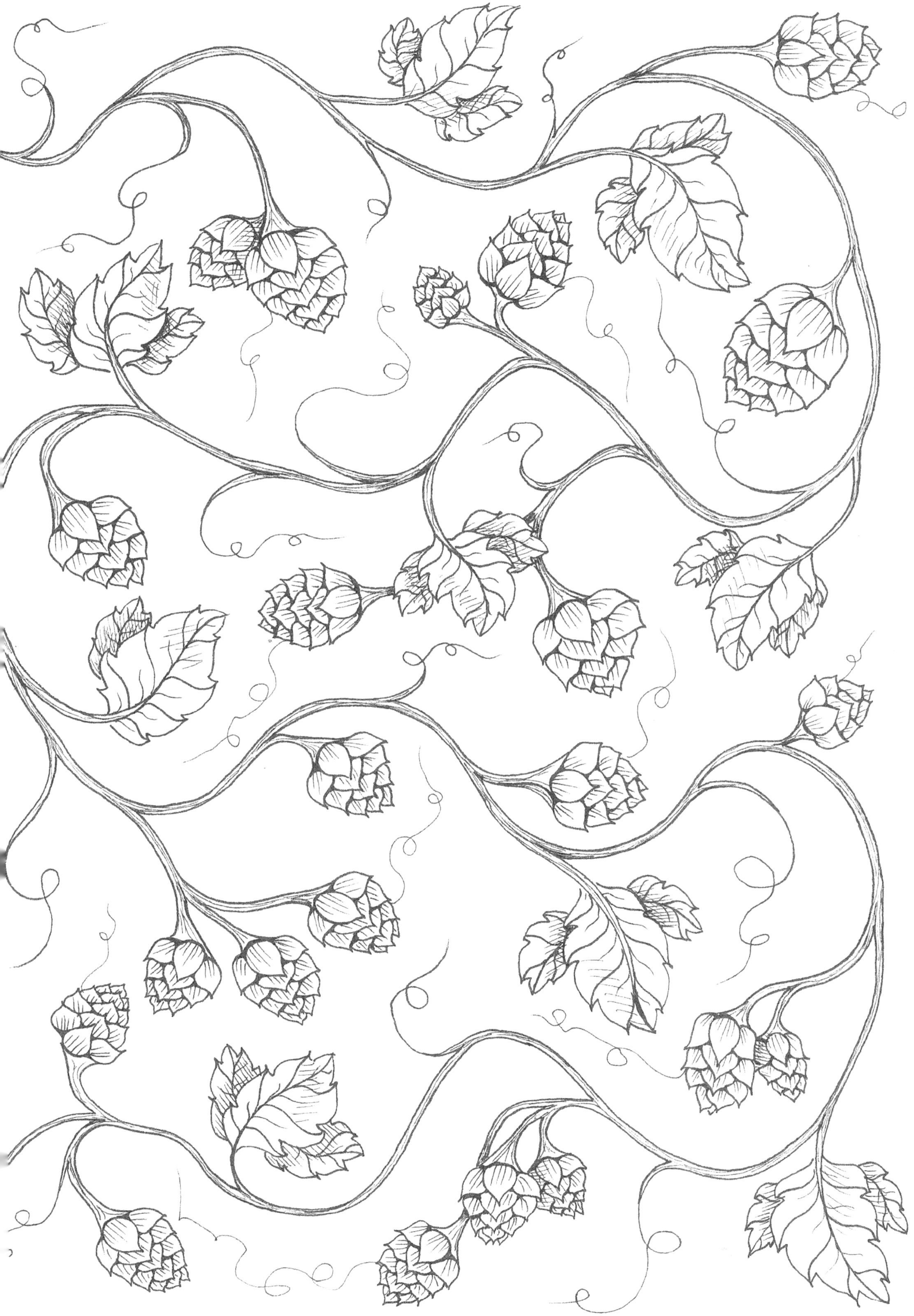

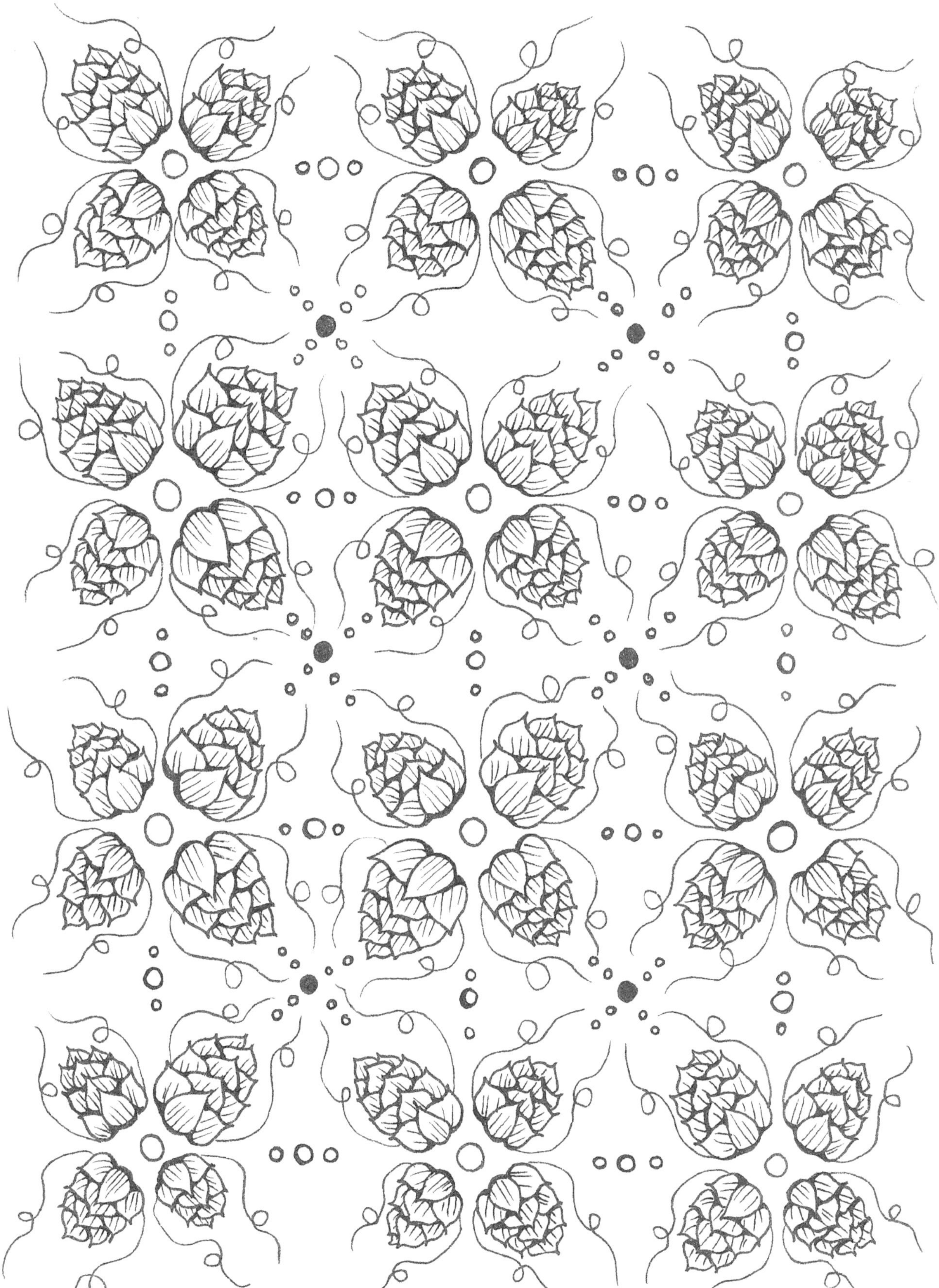

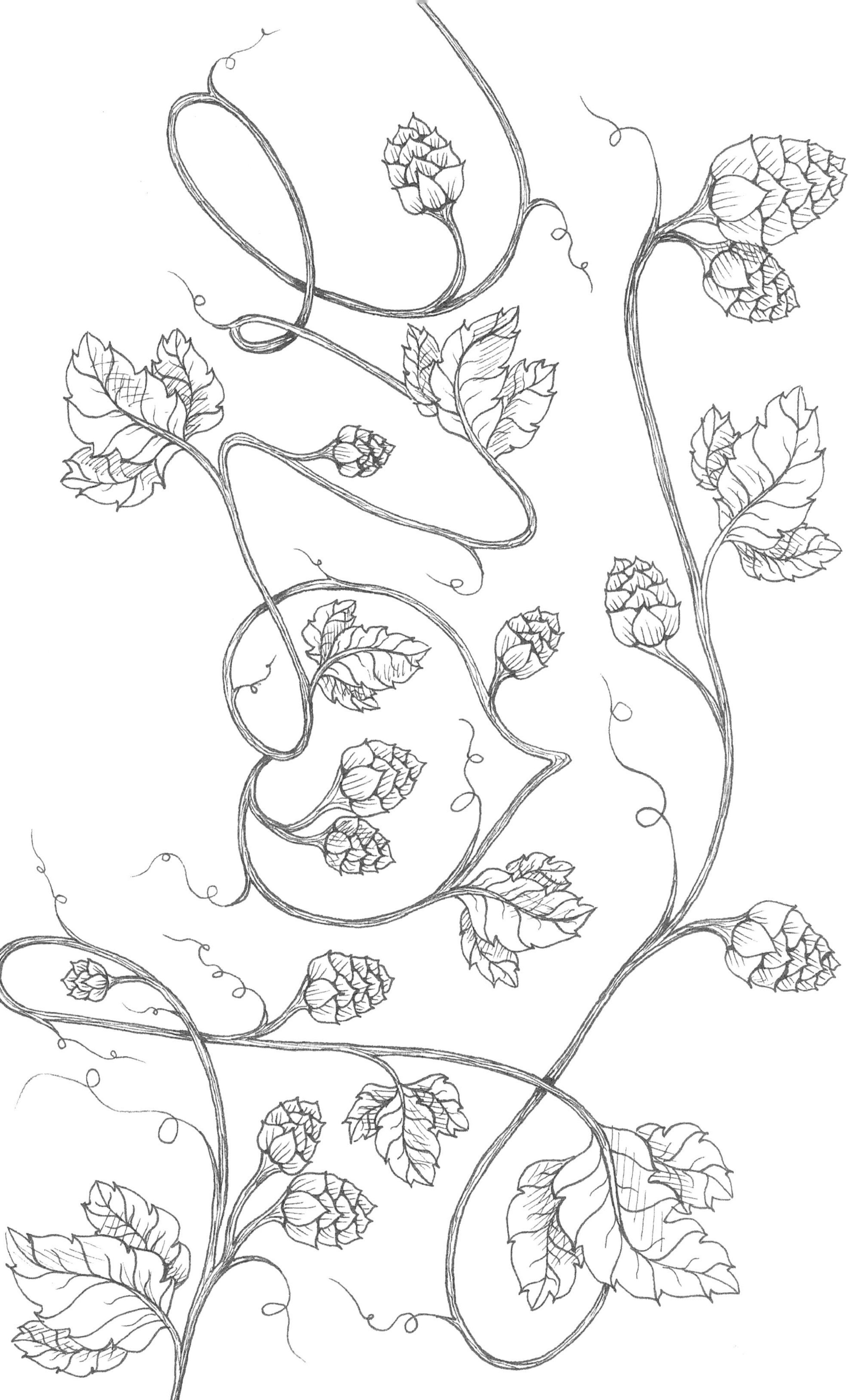

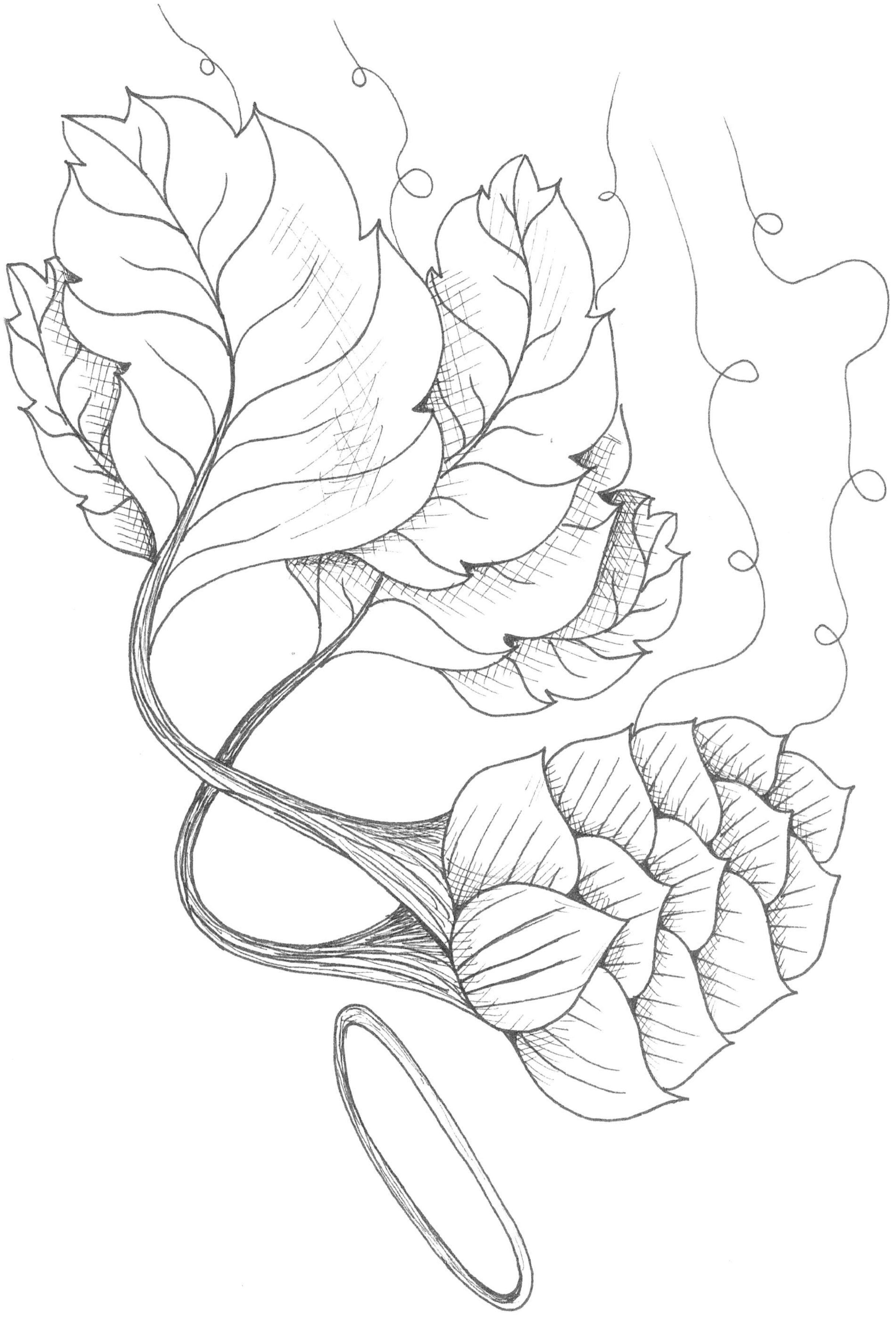

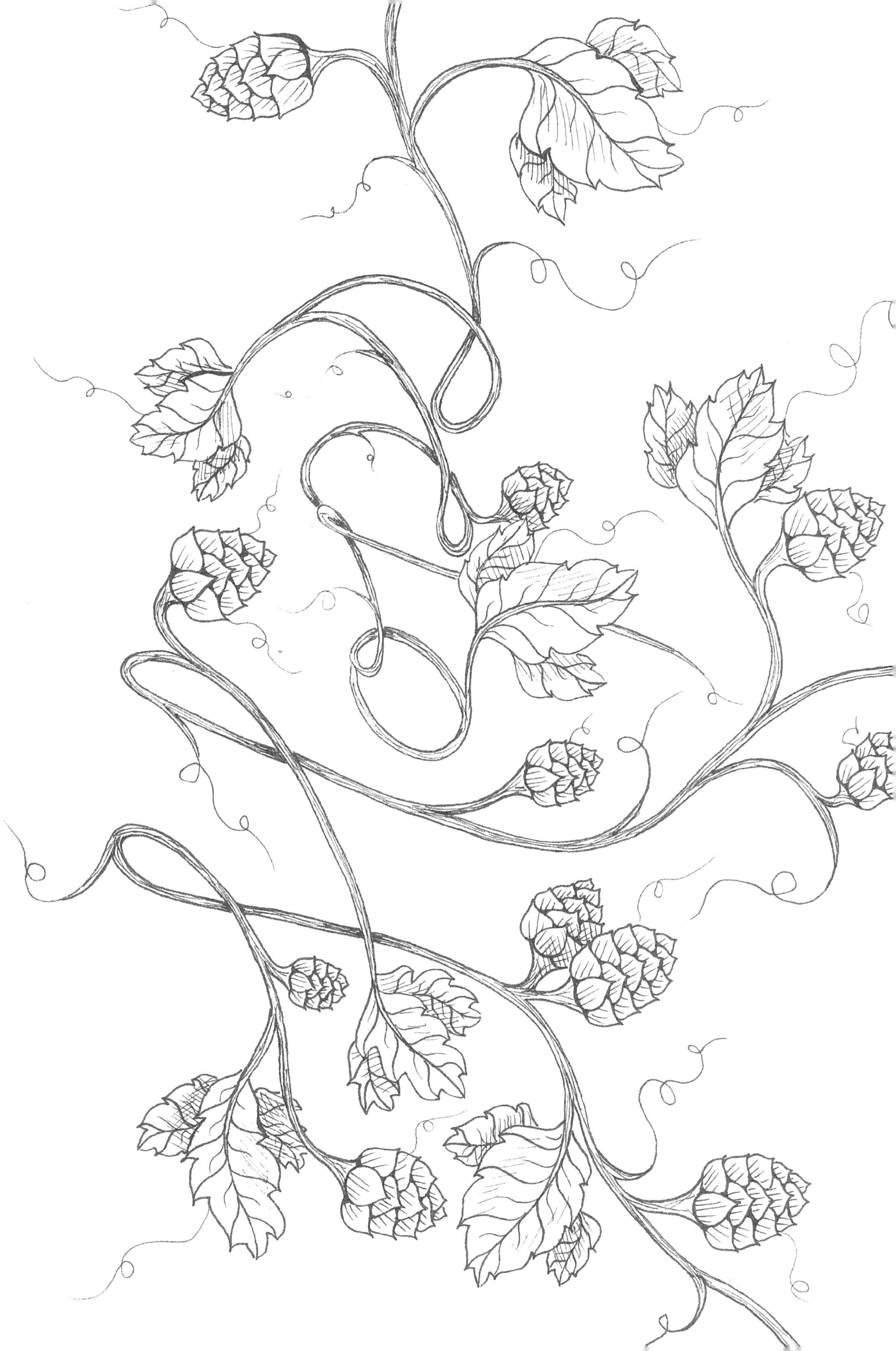

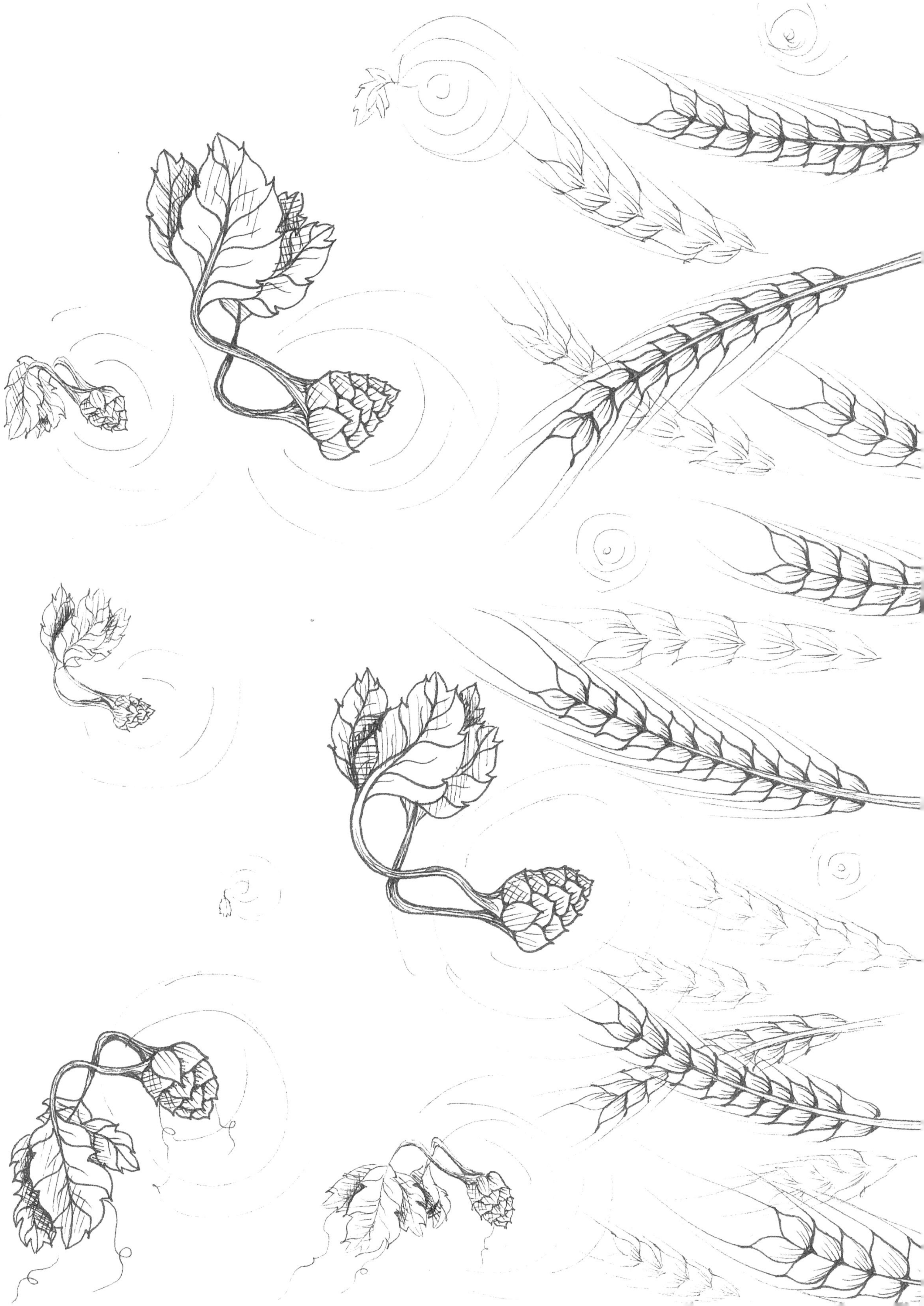

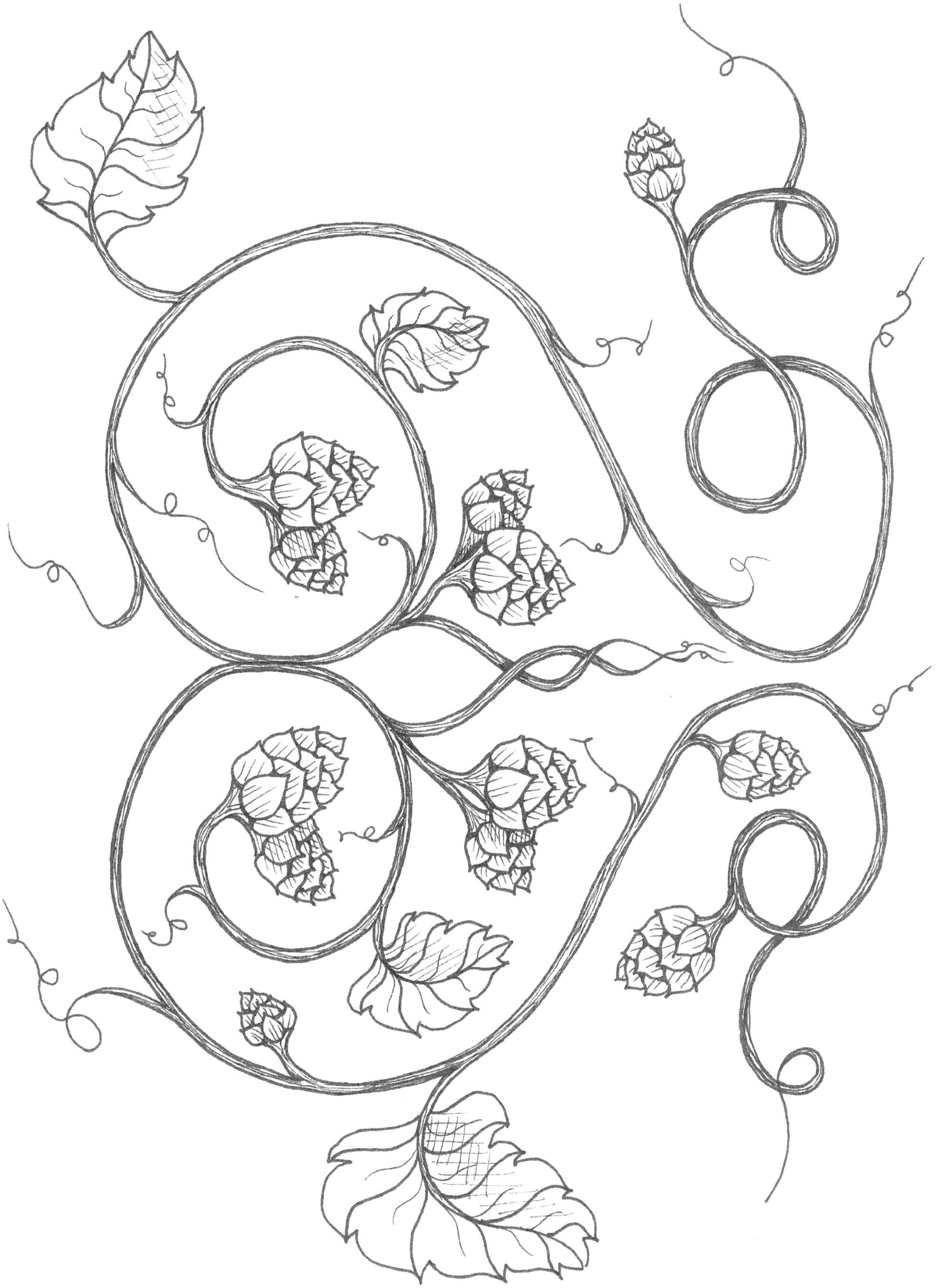

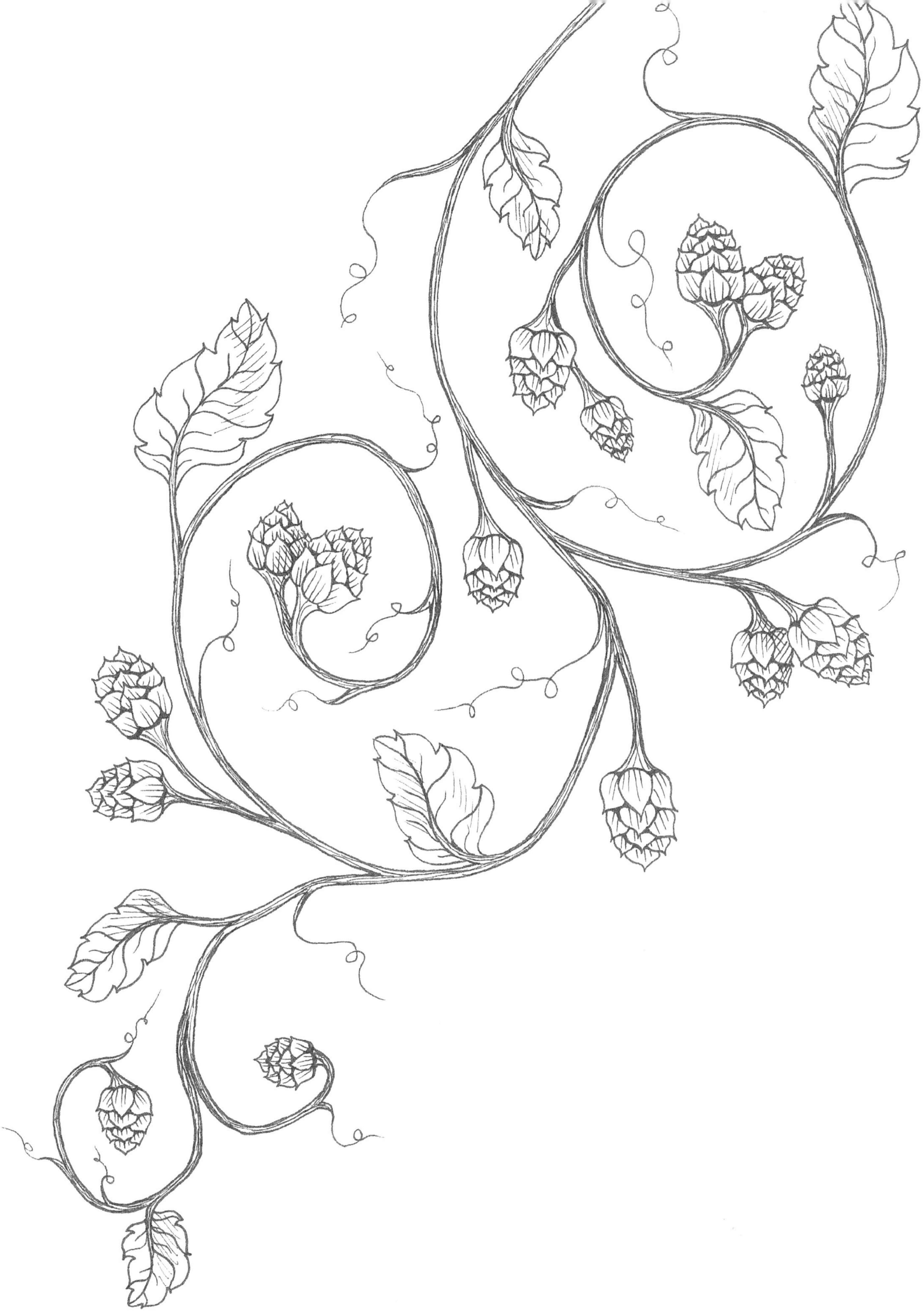

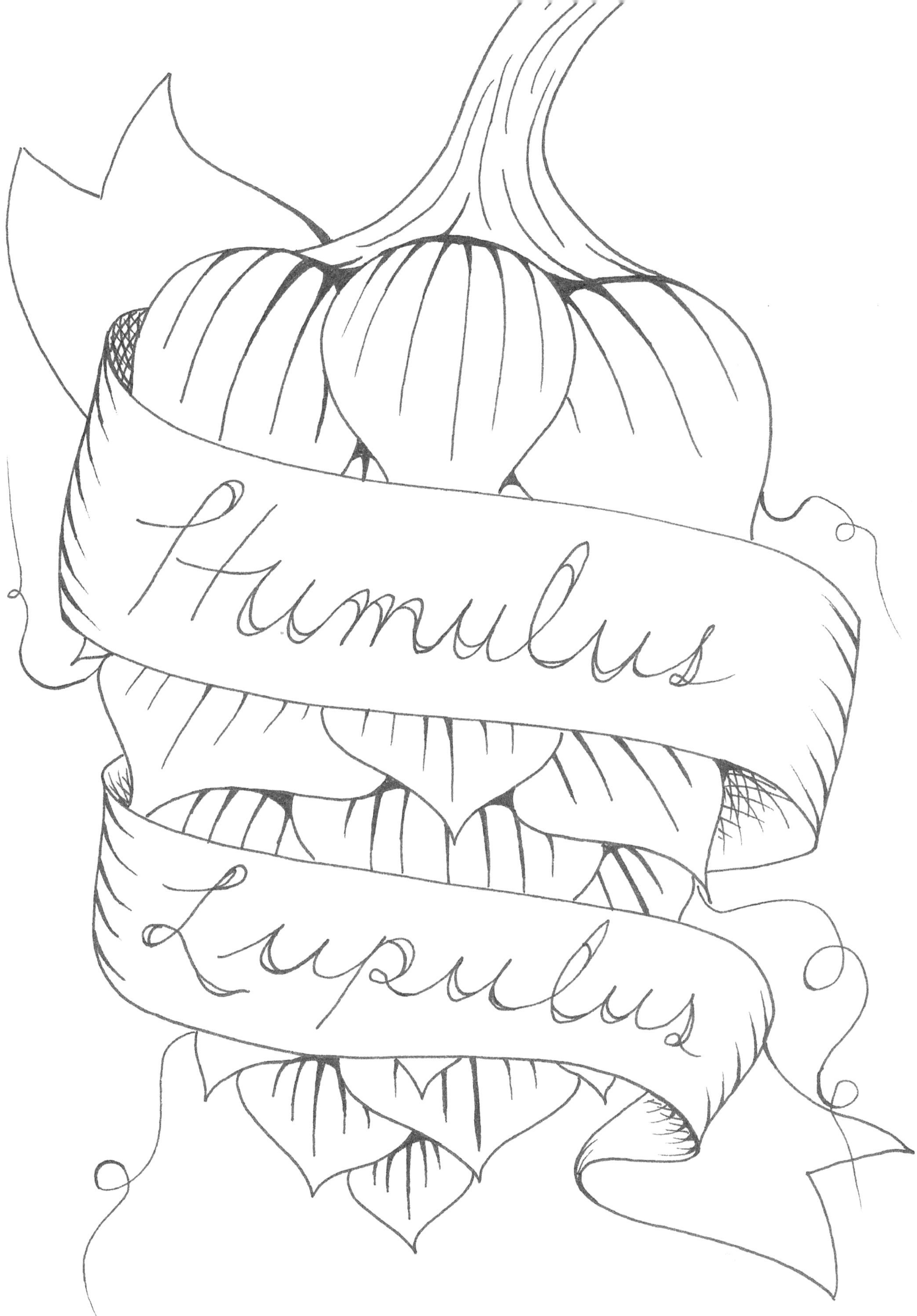
Humulus
Lupulus

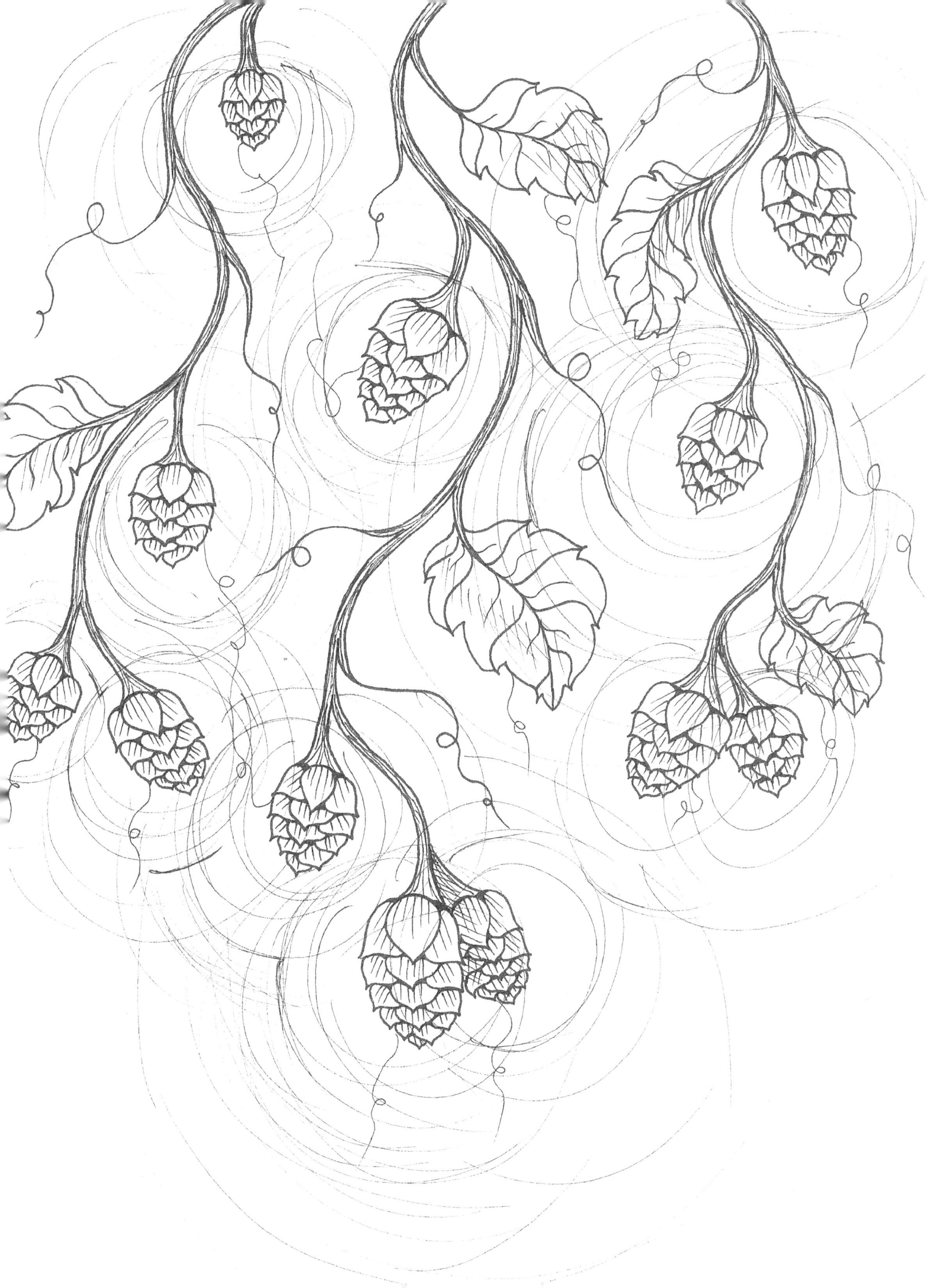

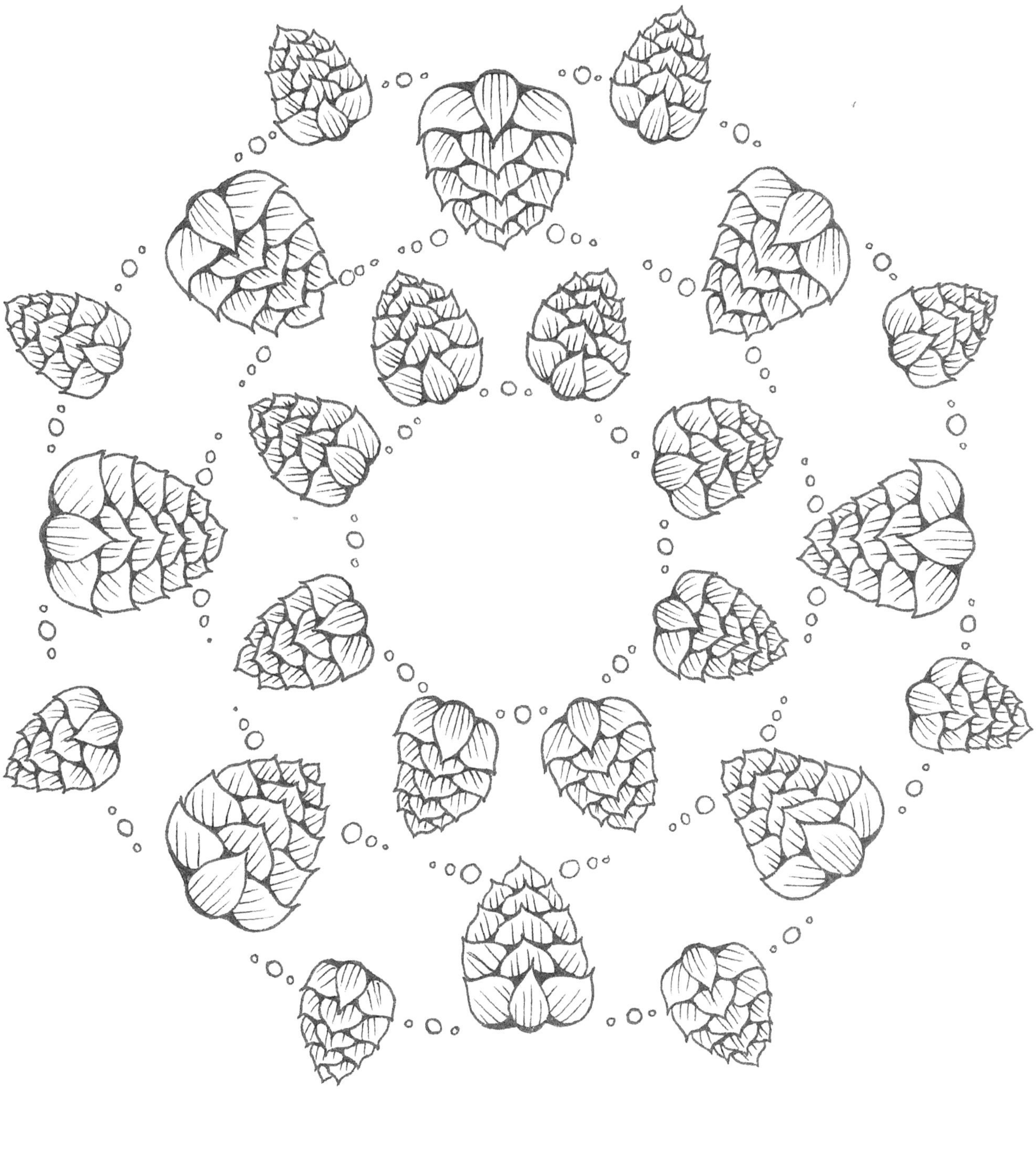

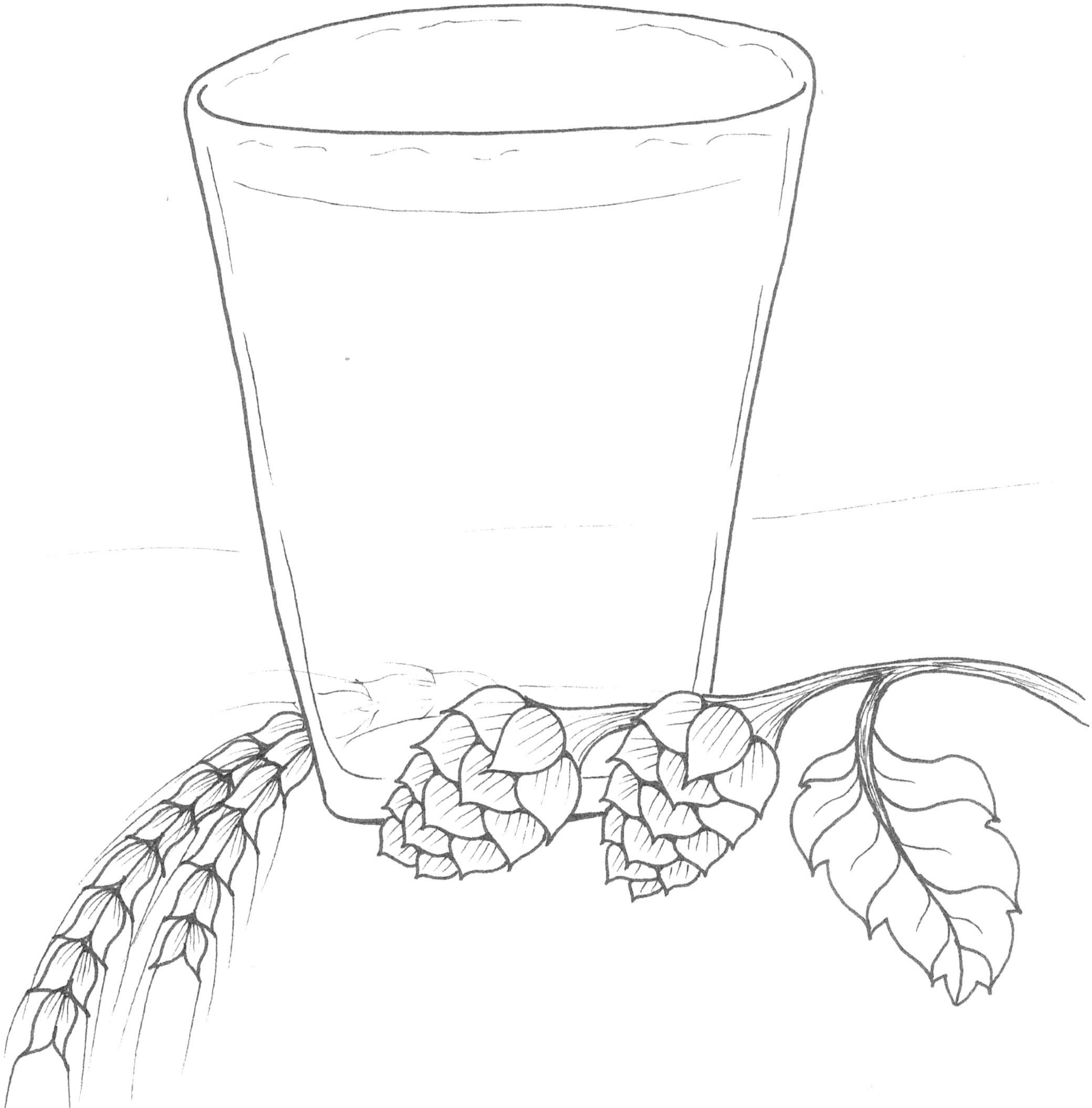

www.ingramcontent.com/pod-product-compliance
Lightning Source LLC
Chambersburg PA
CBHW080608190526
45169CB00007B/2924
9781533104205